AF273605

Impressum
Verlag: BABADADA GmbH, Nedderfeld 112 , 22529 Hamburg
Geschäftsführer / Verlagsleitung: Harald Hof
Druck: Books on Demand GmbH, In de Tarpen 42, 22848 Norderstedt

Imprint
Publisher: BABADADA GmbH, Nedderfeld 112 , 22529 Hamburg, Germany
Managing Director / Publishing direction: Harald Hof
Print: Books on Demand GmbH, In de Tarpen 42, 22848 Norderstedt

xikolo

school

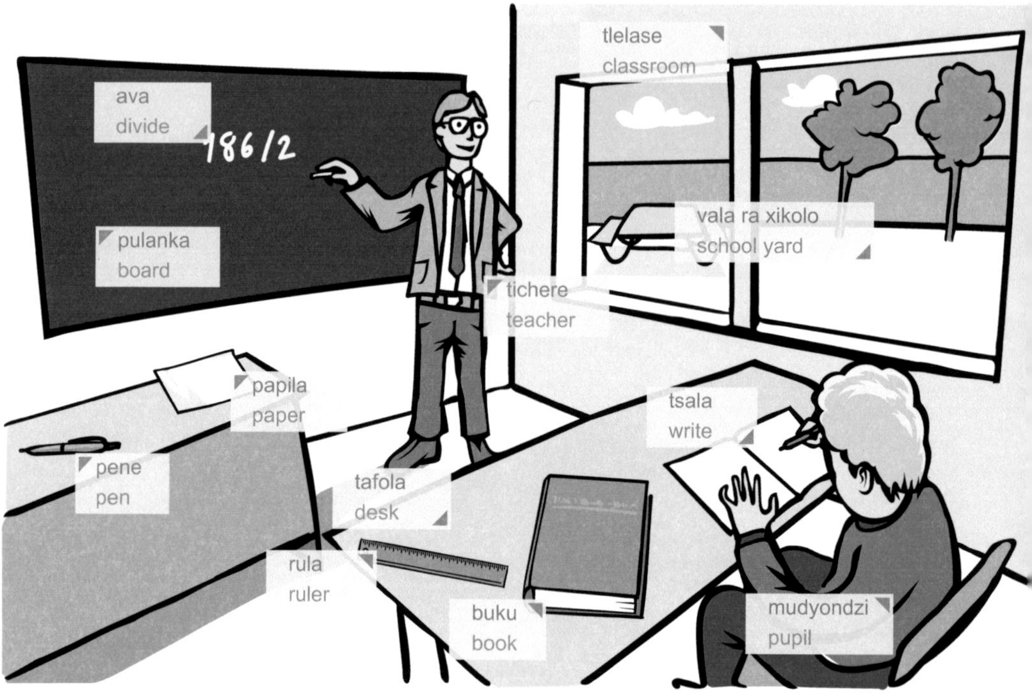
tlelase
classroom
ava
divide
186/2
pulanka
board
vala ra xikolo
school yard
tichere
teacher
papila
paper
tsala
write
pene
pen
tafola
desk
rula
ruler
buku
book
mudyondzi
pupil

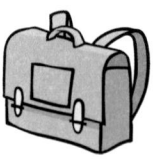

xinkwamana

satchel

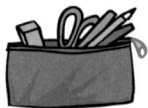

bokisi ra tipensele

pencil case

pensele

pencil

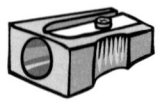

muchini wo vatla tipensele

pencil sharpener

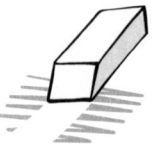

rhaba

rubber

papilo ro dirowa

drawing pad

xifaniso lexi diroweke

drawing

burachi ro penda

paintbrush

bokisi ro penda

paint box

xikero

scissors

xidamarheti

glue

buku ya xikolo

exercise book

ntirho wa le kaya

homework

nombhoro

number

engeta

add

susa

subtract

andzisa

multiply

hlaya

calculate

letere

letter

maletere

alphabet

rito

word

rungula

text

hlaya

read

choko

chalk

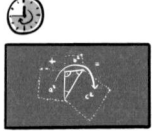

dyondzo

lesson

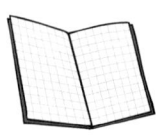

tsarisa

register

xikambelo

exam

xitifiketi

certificate

swiambalo swa xikolo

school uniform

dyondzo

education

nsonga-vutivi

encyclopedia

univhesiti

university

makhiriskopu

microscope

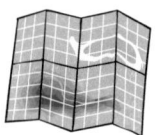

mepe

map

xikotela xo lahla maphepha

waste-paper basket

kufamba

travel

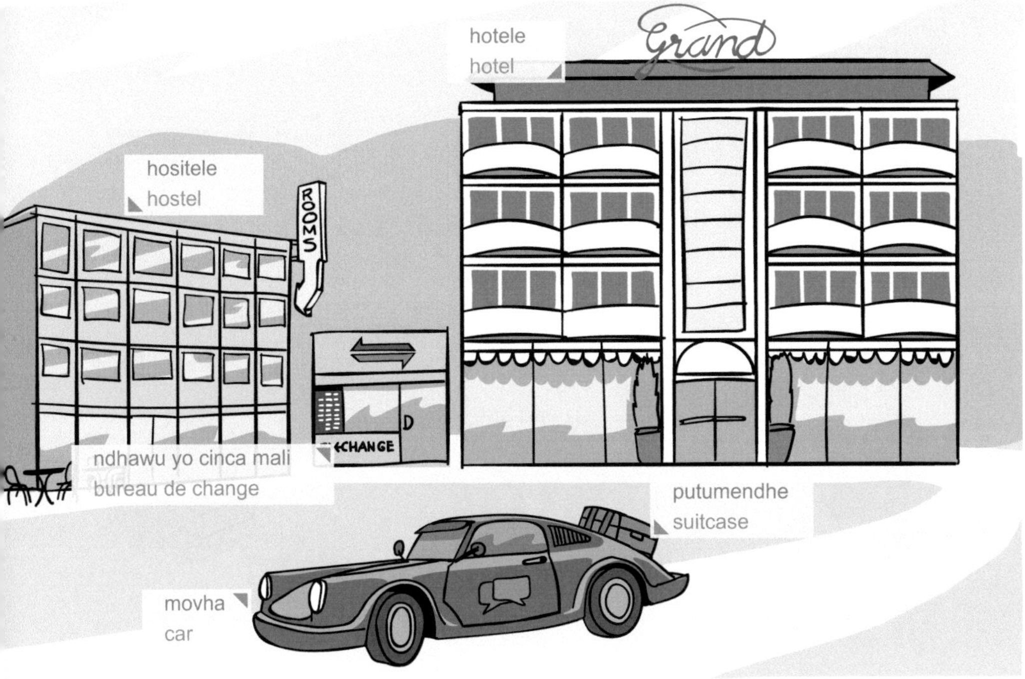
hotele
hotel
hositele
hostel
ROOMS
ndhawu yo cinca mali
bureau de change
putumendhe
suitcase
movha
car

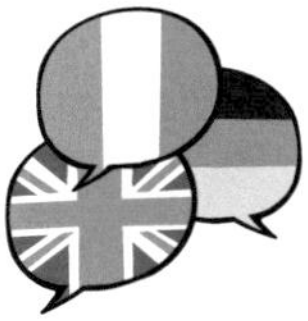

ririmi

language

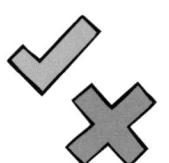

ina / e-e

yes / no

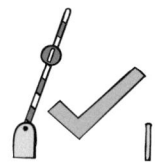

Swikahle

Okay

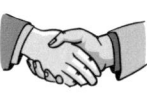

ahe

hello

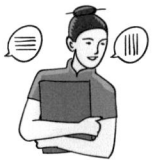

muhundzuluxeri

translator

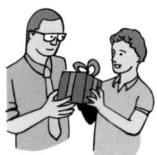

Ndza khensa

Thank you

ivungani…?

how much is…?

Andzi twisisi

I do not understand

nkinga

problem

Riperile!

Good evening!

Maxelo ya kahle!

Good morning!

Vusiku bya kahle!

Good night!

sala kahle

bye bye

nkongomiso

direction

mindzhwalo

luggage

nkwama

bag

nkwama

backpack

muendzi

guest

kamara

room

nkwama wo etlela

sleeping bag

tende

tent

vuxokoxoko bya vaendzi

tourist information

ribuwa

beach

khadi ra xikweleti

credit card

xifihlulo

breakfast

swakudya swa ninhlekani

lunch

swakudya swa nimadyambu

dinner

thikithi

ticket

kheshe

lift

xitempe

stamp

ndzilakana

border

mikhuva

customs

hovisi ya vuyimeri ya tiko

embassy

visa

visa

pasi ro endza

passport

swilo swo famba
transport

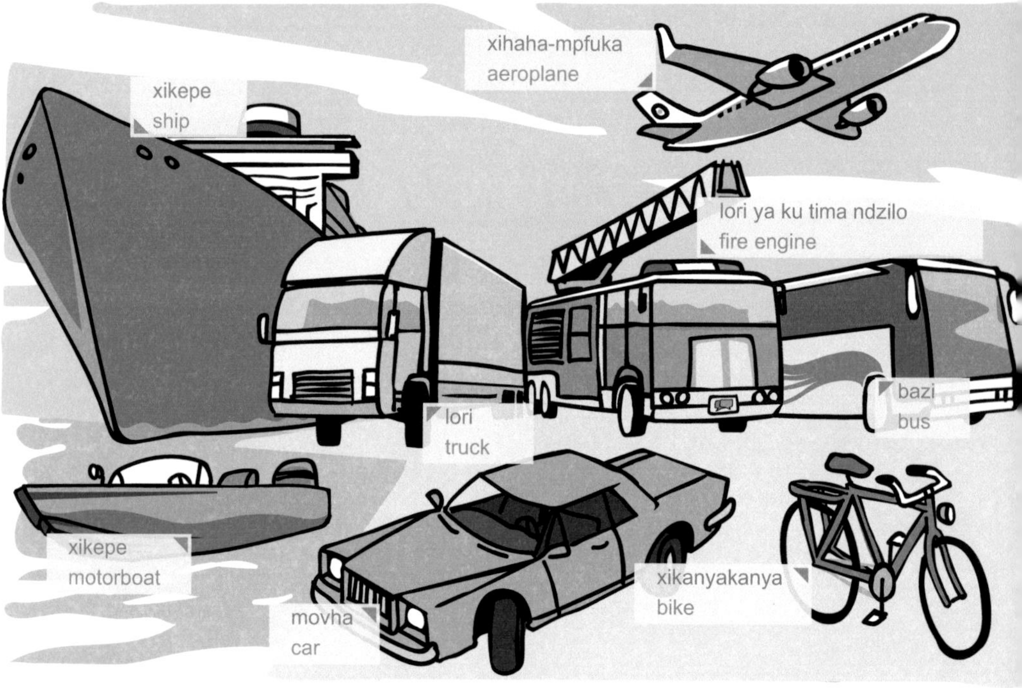
xihaha-mpfuka
aeroplane
xikepe
ship
lori ya ku tima ndzilo
fire engine
bazi
bus
lori
truck
xikepe
motorboat
xikanyakanya
bike
movha
car

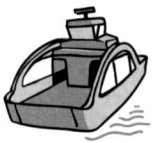

xikepe

ferry

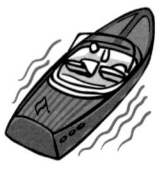

xikepe

boat

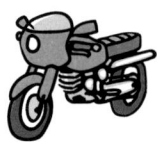

xithuthuthu

motorbike

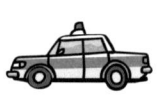

movha wa maphorisa

police car

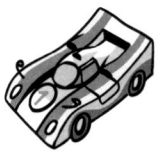

movha wa mphikizano

racing car

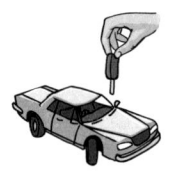

movha yo lombiwa

rental car

ku avelana hi movha

car sharing

lori yo koka timovha

breakdown truck

lori yo rhwala chaka

refuse truck

njhini

motor

mafurha

fuel

ndhawu yo xavisa petirolo

petrol station

mpfungo wa le patwini

traffic sign

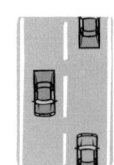

mafambelo ya mimovha

traffic

ntlimbano wa timovha

traffic jam

phaki ya timovha

car park

xitichi xa xitimela

train station

mintila

tracks

xitimela

train

banzi leri fambaka
exiporweni

tram

kalichi

carriage

xihaha-mpfuka-phatsa

helicopter

rivala ra siwhaha-mpfuka

airport

xihondzo

tower

mukhandziyi

passenger

bokisi

container

bokisi

carton

kalichi

cart

xirhundzi

basket

suka / tshama

take off / land

doroba

city

muti

village

nkava wa doroba

city centre

yindlu

house

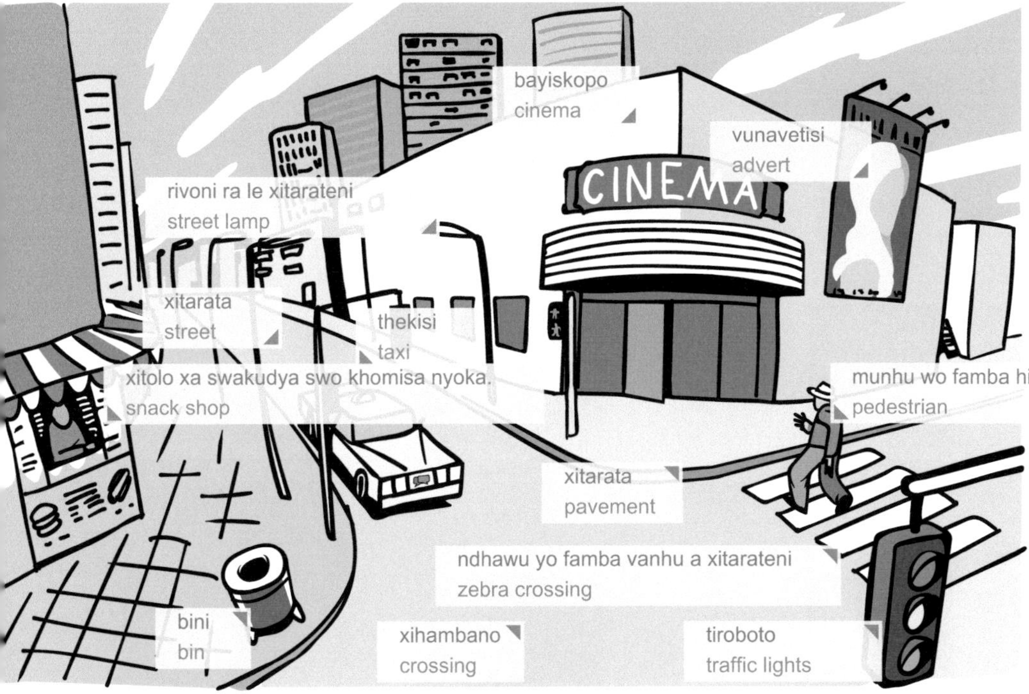

bayiskopo
cinema

vunavetisi
advert

rivoni ra le xitarateni
street lamp

CINEMA

xitarata
street

thekisi
taxi

xitolo xa swakudya swo khomisa nyoka.
snack shop

munhu wo famba hi
pedestrian

xitarata
pavement

ndhawu yo famba vanhu a xitarateni
zebra crossing

bini
bin

xihambano
crossing

tiroboto
traffic lights

xiyindlwana xa byanyi

hut

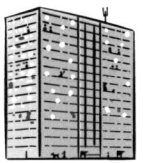

yindlu

flat

xitichi xa xitimela

train station

holo ya vanhu

town hall

muziyamu

museum

xikolo

school

doroba - city

univhesiti

university

bangi

bank

xibedlhele

hospital

hotele

hotel

xitolo xa miri

pharmacy

hofisi

office

xitolo xa tibuku

book shop

xitolo

shop

xitolo xa swiluva

florist's

xitolo le xikulu swinene

supermarket

makete

market

xitolo le xikulu

department store

xitolo xa tinhlampfi.

fishmonger's

ndhawu ya switolo

shopping centre

hlaluko

harbour

doroba - city

phaka

park

bence

bench

buloho

bridge

switepisi

stairs

ehansi ka misava

underground

muhocho

tunnel

xitichi xa tibanzi

bus stop

barha

bar

rhesiturente

restaurant

bokisi ra poso

postbox

mfungho wa xitarata

street sign

muchini wa mali ya ku phaka

parking meter

ntanga wa swiharhi

zoo

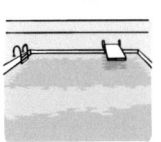

damu ro xambela

swimming pool

mosque

mosque

purasi

farm

nthyakiso

pollution

masirha

graveyard

kereke

church

rivala ra mintlangu

playground

tempele

temple

ndhawu

landscape

tluka
leaf

mfungho wa gondzo
signpost

ndlela
way

byanyi byo tala
meadow

ribye
stone

munhu wo khandziya tintshava
hiker

murhi
tree

nambu
river

byanyi
grass

xiluva
flower

nkova

valley

xitsunga

hill

tiva

lake

khwati

forest

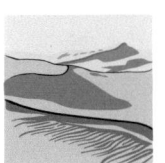

mananga

desert

volkheno

volcano

ntsinda

castle

nkwangulatilo

rainbow

swikowa

mushroom

murhi wa nchindzu

palm tree

nsuna

mosquito

haha

fly

vusokoti

ant

nyoxi

bee

puma

spider

xifufunhunu

beetle

chele

frog

maxindyana

squirrel

nhloni

hedgehog

mfundla

hare

xikhova

owl

xinyenyane

bird

sekwa

swan

ngluve ya nhova

boar

mhunti

deer

mhofu

moose

damu

dam

xipelupelu xa moya

wind turbine

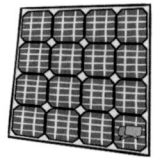

bodo leyi tswongaka kuhisa
ka dyambu

solar panel

maxelo

climate

rhesiturente
restaurant

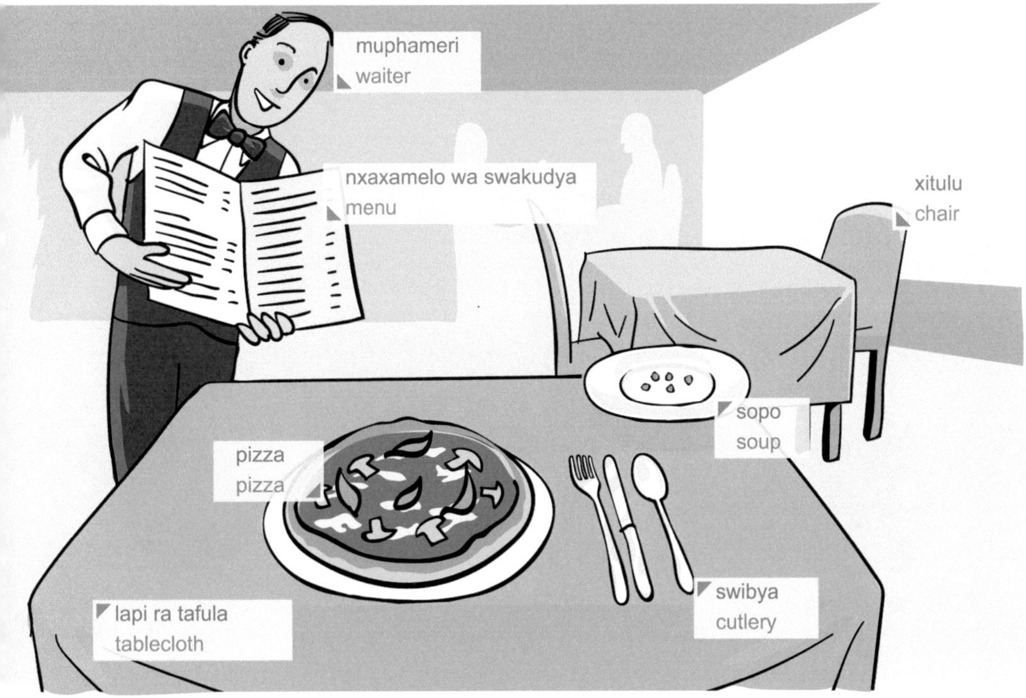
muphameri
waiter
nxaxamelo wa swakudya
menu
xitulu
chair
sopo
soup
pizza
pizza
swibya
cutlery
lapi ra tafula
tablecloth

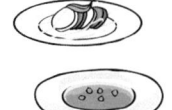

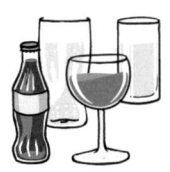

swakudya swa ku naveta

starter

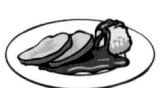

swakudya

main course

swo rhelerisa

dessert

swakunwa

drinks

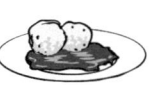

swakudya

food

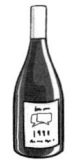

bodlhela

bottle

swakudya swa xihatla

fast food

swakudya swa le ndleleni

street food

mbita ya tiya

teapot

xibye xa chukela

sugar bowl

xiphemu

portion

muchini wa espresso

espresso machine

xitulu xa le henhla

high chair

swikweleti

bill

thireyi

tray

mukwana

knife

foroko

fork

lepula

spoon

xilepulana

teaspoon

phepha ro sula nomu

serviette

nghilazi

glass

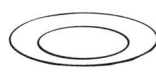

pleti

plate

pleti ya sopo

soup plate

sosara

saucer

murhu

sauce

xilo xo chele munyu

salt pot

xilo xo gaya

pepper mill

vhiniga

vinegar

mafurha

oil

swinyunyeteri

spices

ketchup

ketchup

mustard

mustard

mayonasi

mayonnaise

xitolo le xikulu swinene
supermarket

nyiko yo hlawuleka
special offer
FOR
muxavi
customer
ntsamba
dairy
mihandzu
fruit
xikocikara
trolley

BUTCHERS

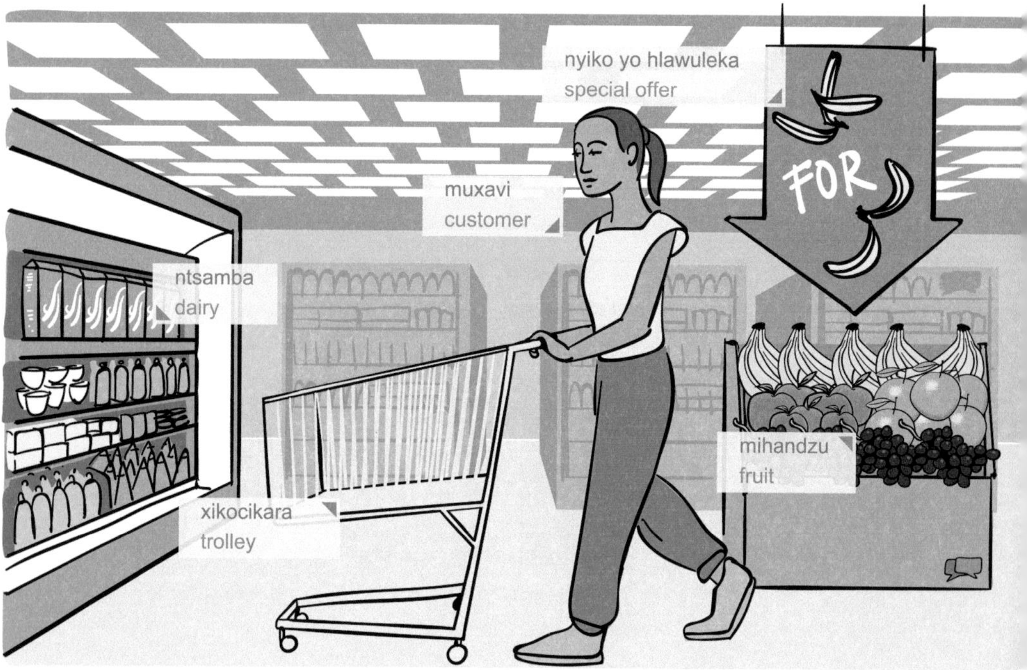

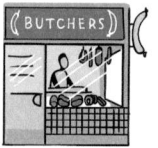

buchara

butcher´s

BAKERY

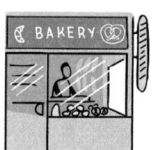

bekari

baker´s

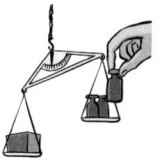

ringanyeta

weigh

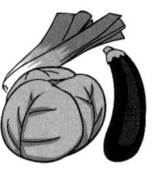

swimila

vegetables

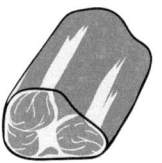

nyama

meat

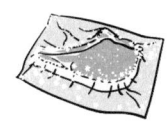

swakudya swo titimela

frozen food

nyama

cold meat

swakudya leswi nga thinini

tinned food

mapa yo hlanswa

washing powder

malekere

sweets

switirhisiwa swa le ndlwini

household products

swilo swo basisa

cleaning products

munhu wo xavisa

salesperson

thili

till

muamukeli wa timali

cashier

nxaxamelo wa swo xaviwa

shopping list

nkarhi wa ku tirha

opening hours

nkwama wa mali

wallet

khadi ra xikweleti

credit card

nkwama

bag

nkwama wa pulasitiki

plastic bag

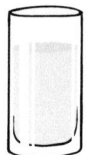

mati

water

ntsutsu

juice

meleke

milk

coke

coke

vhinyo

wine

byalwa

beer

byala

alcohol

cocoa

cocoa

tiya

tea

kofi

coffee

espresso

espresso

cappuccino

cappuccino

banana

banana

apula

apple

lamula

orange

kalabatla

melon

swiri

lemon

kherotsi

carrot

swinyalana

garlic

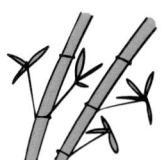

musengele

bamboo

nyala

onion

swikowa

mushroom

timanga

nuts

makaroni ya nyama

noodles

spaghetti

spaghetti

rhayisi

rice

saladi

salad

machipisi

chips

nhlata wo katingiwa

fried potatoes

pizza

pizza

hamburger

hamburger

xinkwa

sandwich

cutlet

cutlet

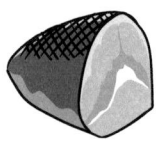

ham

ham

salami

salami

soseji

sausage

huku

chicken

katinga

roast

hlampfi

fish

oats

porridge oats

muesli

muesli

rivele-ndzoho

cornflakes

filawa

flour

bantsi

croissant

xinkwa

bread roll

xinkwa

bread

xinkwa xo oxiwa

toast

makokisi

biscuits

botere

butter

ribomba ra tswamba

curd

khekhe

cake

tandza

egg

matandza lama katingiweke

fried egg

chizi

cheese

ayisi khrimi

ice cream

chukela

sugar

vulombe

honey

jamu

jam

botere ya chokoleti

chocolate spread

curry

curry

purasi

farm

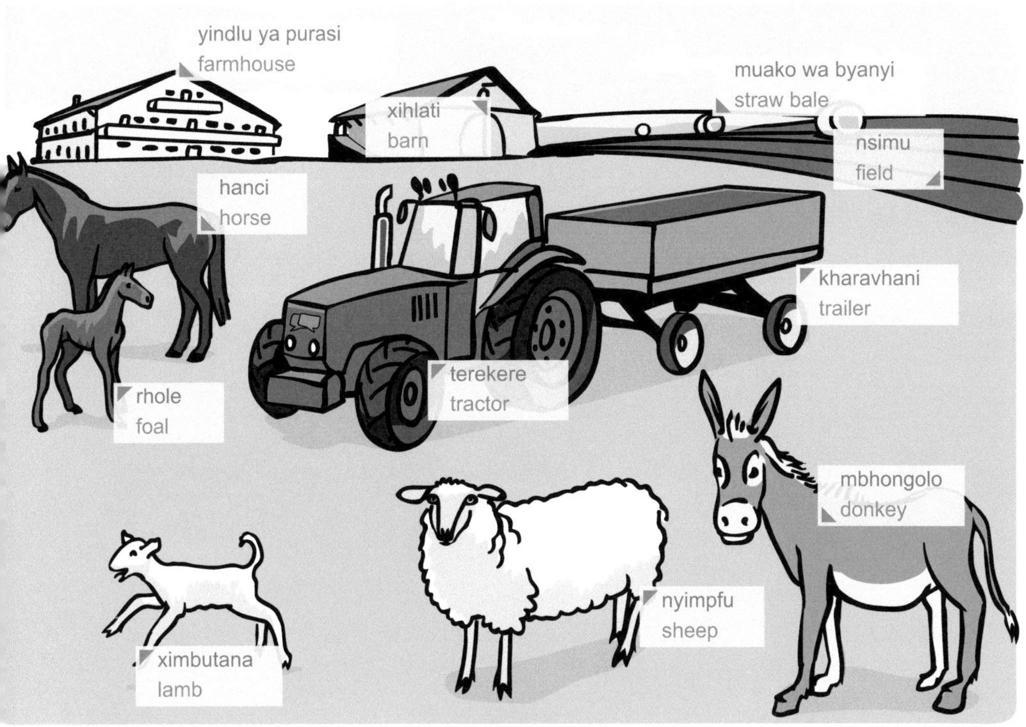
yindlu ya purasi
farmhouse
xihlati
barn
muako wa byanyi
straw bale
nsimu
field
hanci
horse
kharavhani
trailer
terekere
tractor
rhole
foal
mbhongolo
donkey
nyimpfu
sheep
ximbutana
lamb

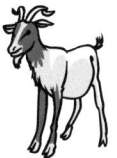

mhunti

goat

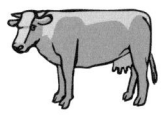

homu

cow

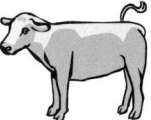

rhole

calf

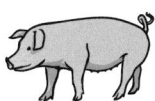

nguluve

pig

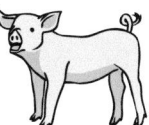

xingulubyana

piglet

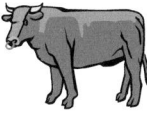

nkuzi

bull

sekwa

goose

sweka

duck

xikukwana

chick

mbhaha

hen

nkuku

cock

kondlo

rat

ximanga

cat

kondlo

mouse

homu

ox

mbyana

dog

yindlu ya mbyana

doghouse

payipi ya mati

garden hose

xilo xo chelela mati

watering can

nsimbi yo tsema

scythe

xikomu

plough

sikele

sickle

xikomu

hoe

foroko le yikulu

pitchfork

xihloka

axe

bara

wheelbarrow

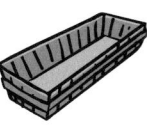

xitsengele

trough

xilo xo chela ntswamba

milk can

saka

sack

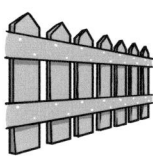

rirhangu

fence

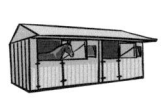

xivala

stable

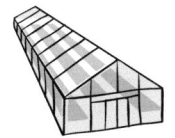

yindlu ya vuhlayiselo bya swimilana

greenhouse

misava

soil

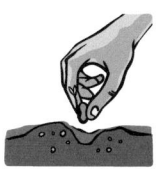

mbewu

seed

swinonisi

fertilizer

muchini wa ku tshovela

combine harvester

tshovela

harvest

ntshovelo

harvest

mintsumbula

yams

koroni

wheat

tinyawa

soy

nhlata

potato

koroni

corn

rapeseed

rapeseed

nsinya wa mihandzu

fruit tree

ntsumbula

cassava

swakudya swa tidzoho

cereals

yindlu
house

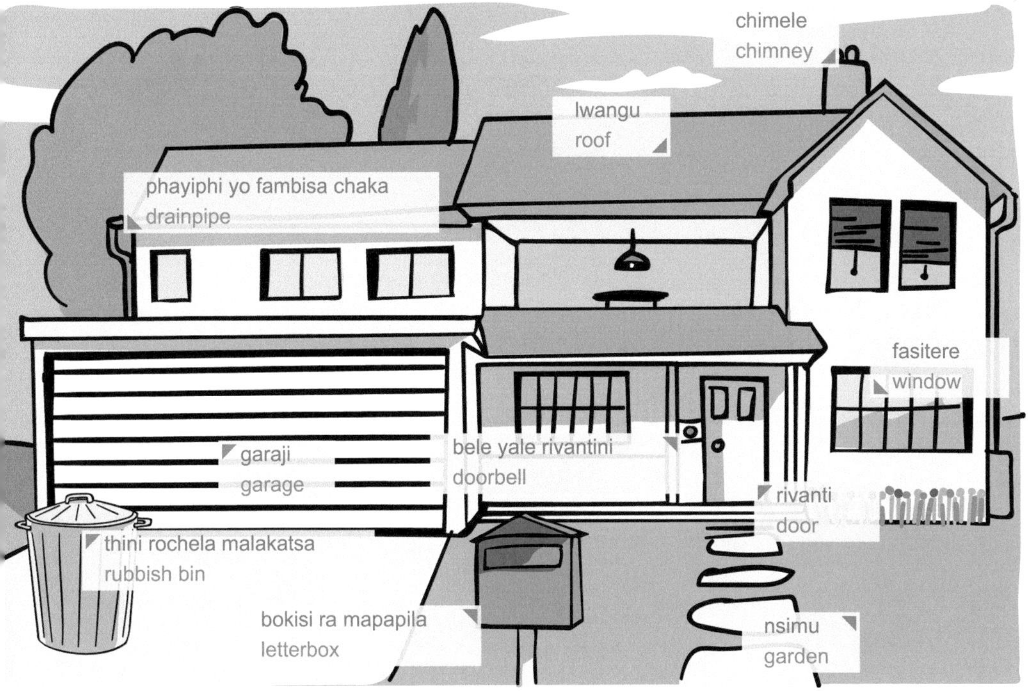
chimele
chimney
lwangu
roof
phayiphi yo fambisa chaka
drainpipe
fasitere
window
garaji
garage
bele yale rivantini
doorbell
rivanti
door
thini rochela malakatsa
rubbish bin
bokisi ra mapapila
letterbox
nsimu
garden

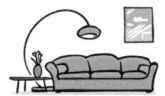

kamara ro tshama

living room

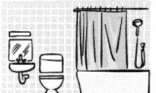

kamara yo hlambela

bathroom

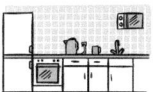

khishini

kitchen

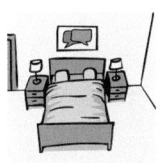

kamera ro etlela

bedroom

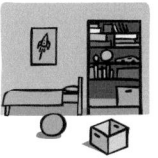

kamana ya vana

child's room

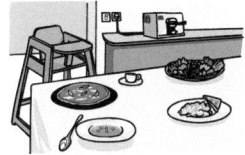

ndhawu yo dyela

dining room

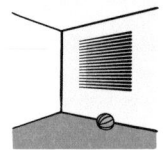

ehansi

floor

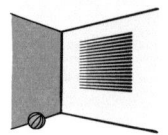

khumbi

wall

silingi

ceiling

kamera ra le hansi

cellar

phungula

sauna

rikupakupa

balcony

tshala

terrace

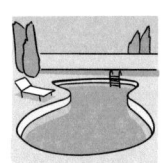

damu

pool

muchini wo tsema byanyi

lawn mower

nkumba

sheet

swo andlalela mubedo

bedspread

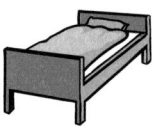

mubedo

bed

nkukulu

broom

bakiti

bucket

swichi

switch

kamara ro tshama
living room

phepha ra le khumbini
wallpaper
xifaniso
picture
rivoni
lamp
xelufu
shelf
khabodo
cupboard
thelevhixini
television
xitiko
fireplace
xiluva
flower
xikhengele
cushion
sofa
sofa
mbita
vase
xilawula-kule
remote control

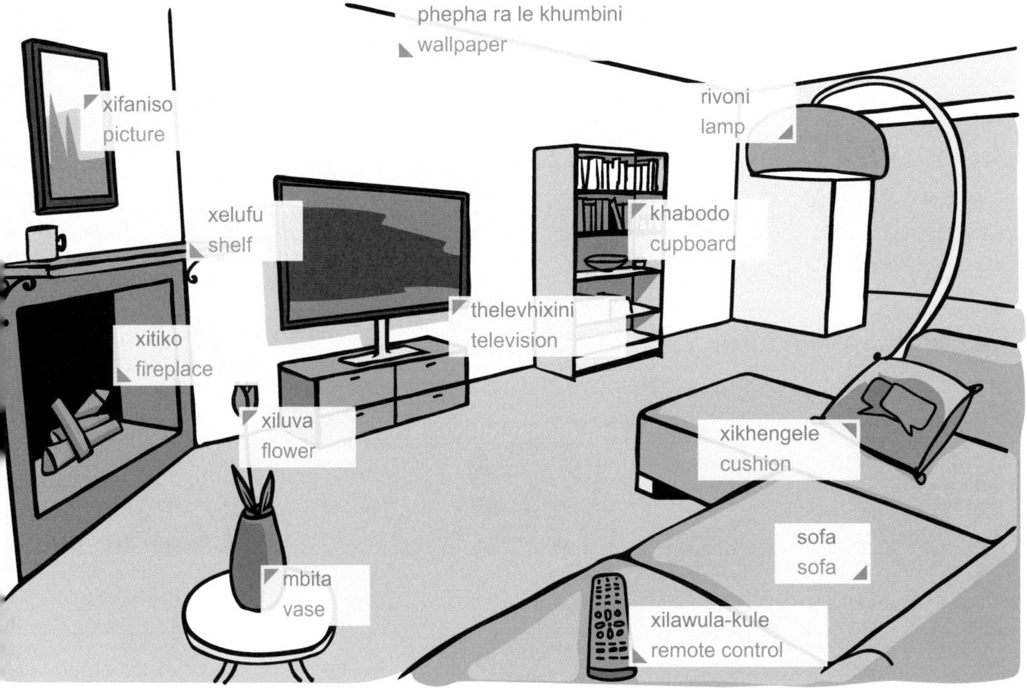

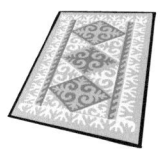

khapete

carpet

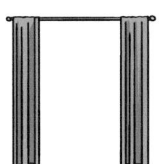

khethenisi

curtain

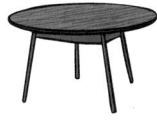

tafula

table

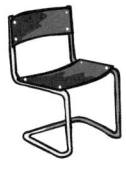

xitulu

chair

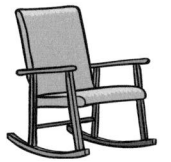

xitulu xo mbuwetela

rocking chair

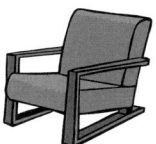

xitulu xo tlhandleka mavoko

armchair

buku

book

nkumba

blanket

nkhaviso

decoration

tihunyi

firewood

filimi

film

muchini wa hi-fi

hi-fi equipment

xinotlelo

key

phepha-hungu

newspaper

xifaniso lexi vatliweke

painting

bodo ya xifaniso

poster

xiya-ni-moya

radio

buku yo tsala tinhla

notepad

hoover

hoover

xiluva xa cactus

cactus

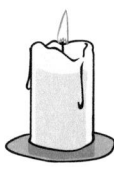

khandlela

candle

khishini
kitchen

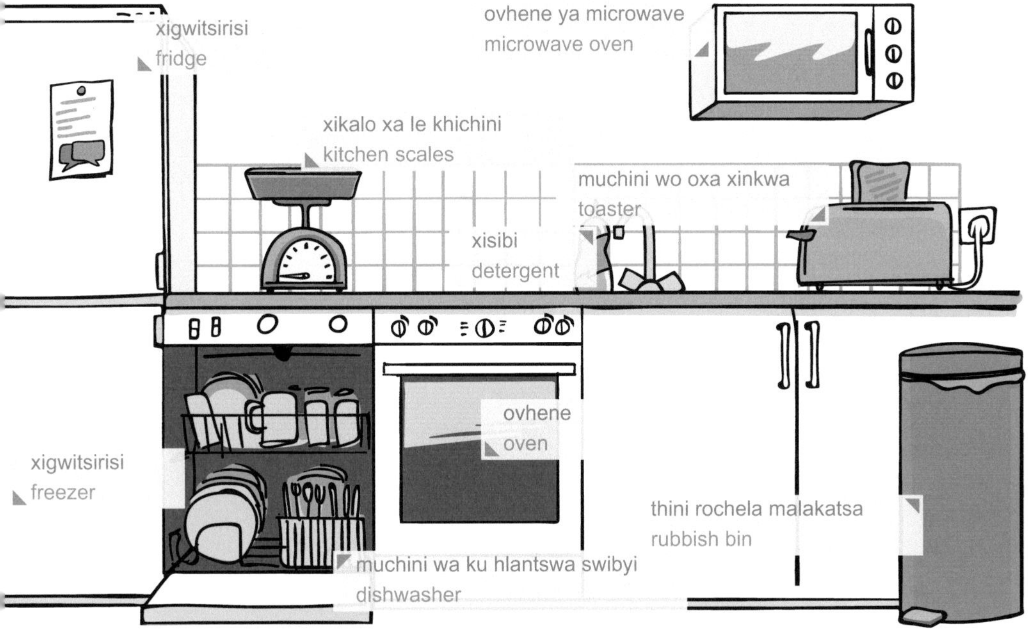

xigwitsirisi
fridge
ovhene ya microwave
microwave oven
xikalo xa le khichini
kitchen scales
muchini wo oxa xinkwa
toaster
xisibi
detergent
ovhene
oven
xigwitsirisi
freezer
thini rochela malakatsa
rubbish bin
muchini wa ku hlantswa swibyi
dishwasher

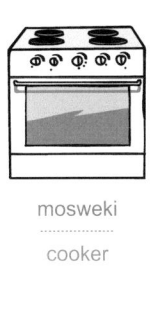

mosweki

cooker

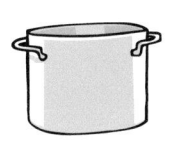

poto

pot

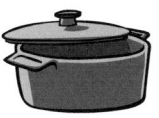

poto ra nsimbi

cast-iron pot

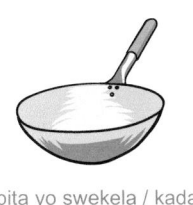

mbita yo swekela / kadai

wok / kadai

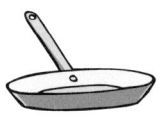

pani

pan

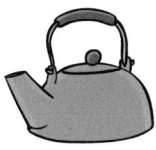

ketlele

kettle

xo sweka hi nkahelo

steamer

thireyi ya ku baka

baking tray

swibya

crockery

xikomichana

mug

ximbitana

bowl

ti-chopstick

chopsticks

xipunu

ladle

spatula

spatula

muchini wo hlanganisa

whisk

sefo

strainer

xisefo

sieve

xilo xo tsemelela

grater

xibye

mortar

nyama yo oshiwa

barbecue

ndzilo

open fire

bodo ya ku tsemelela
....
chopping board

mhandzi yo andlala fulawa
....
rolling pin

xo pfula mabodlhela
....
corkscrew

thini
....
can

xo pfula mathini
....
can opener

xo khoma poto
....
pot holder

zinki
....
sink

buracha
....
brush

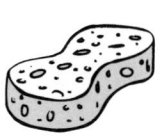

xiponci
....
sponge

xilo lexi hlanganiselaka
....
blender

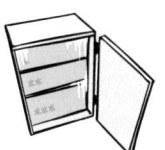

xigwitsirisi
....
deep freezer

bodlhela ra n'wana
....
baby bottle

pompi
....
tap

kamara yo hlambela

bathroom

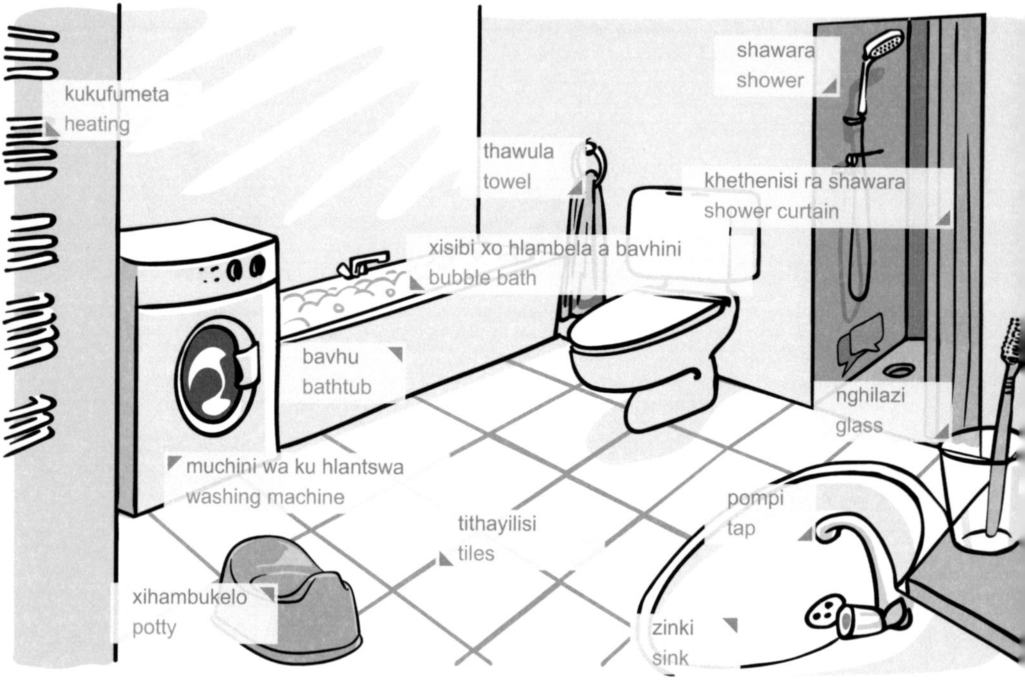

kukufumeta
heating
thawula
towel
shawara
shower
khethenisi ra shawara
shower curtain
xisibi xo hlambela a bavhini
bubble bath
bavhu
bathtub
nghilazi
glass
muchini wa ku hlantswa
washing machine
tithayilisi
tiles
pompi
tap
xihambukelo
potty
zinki
sink

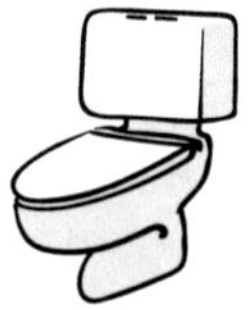

xihambukelo

toilet

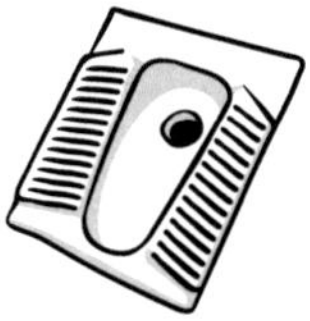

xihambukelo

squat toilet

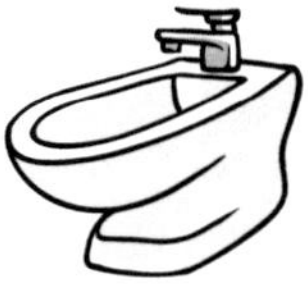

bidet

bidet

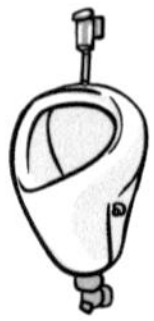

ndhawu yo tsakamisela

urinal

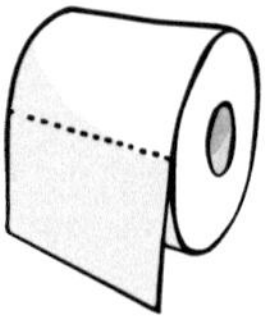

papila ra xihambukelo

toilet paper

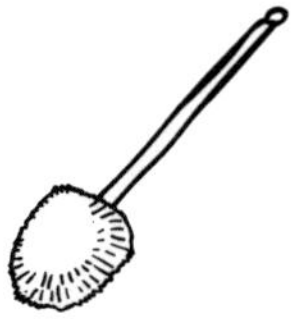

burachi bya xihambukelo

toilet brush

burachi bya meno

toothbrush

xisibi xa meno

toothpaste

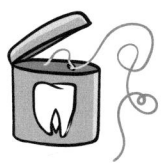

xo basisa exikarhi ka meno

dental floss

hlamba

wash

xawara yo khomiwa hivoko

handheld shower

douche

douche

xihlambelo

basin

buracha ra nhlana

back brush

xisibi

soap

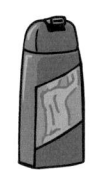

xisibi xa xawara

shower gel

shampoo

shampoo

swilapana

flannel

xinambyana

drain

rivomba

cream

xinhuherisi

deodorant

xivoni

mirror

xivoni xo khomiwa hivoko

hand mirror

rikarhi

razor

xisibi so susa malevu

shaving foam

mafurha ya kutola loku u heta ku tsemeta malevu

aftershave

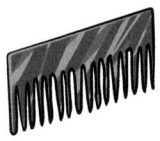

kama

comb

buracha

brush

muchini wo omisa mosisi

hair dryer

mafurha yo tola mosisi

hairspray

xo tisasekisa

makeup

xotota nomo

lipstick

xo tota minwala

nail varnish

kotoni

cotton wool

xo tsema minwala

nail scissors

xinhuherisi

perfume

nkwama wa le
xihambukelweni
....
washbag

nchuluko
....
stool

xikalo
....
weighing scale

nguvu yo hlamba
....
bathrobe

tiglovhu ta raba
....
rubber gloves

tampon
....
tampon

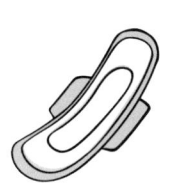

thawula ra ku basisa
....
sanitary towel

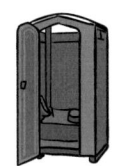

xihambukelo xa le handle
....
chemical toilet

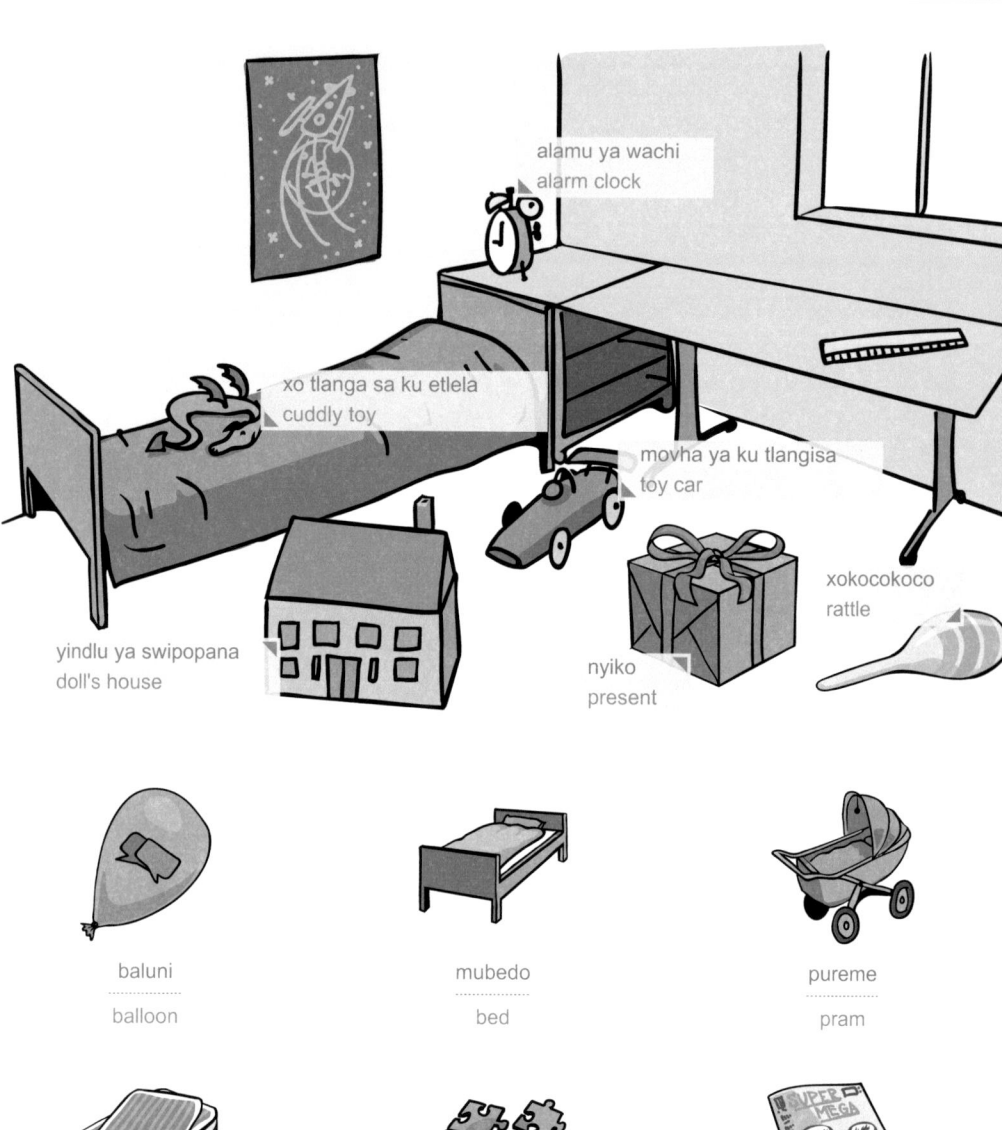

alamu ya wachi
alarm clock

xo tlanga sa ku etlela
cuddly toy

movha ya ku tlangisa
toy car

xokocokoco
rattle

yindlu ya swipopana
doll's house

nyiko
present

baluni
balloon

mubedo
bed

pureme
pram

makhadi
deck of cards

jigsaw
jigsaw

khomiki
comic

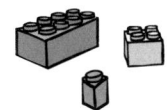

switina swa lego

lego bricks

swiaki

building blocks

xo tlanga xa vana

action figure

swiambalo swa nwana

babygrow

Frisbee

frisbee

mobile

mobile

ntlango wa le bodweni

board game

dayisi

dice

xitimela xo tlanga

model train set

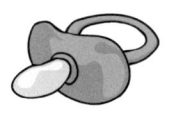

xo tlangisa vana

dummy

nkhuvo

party

buku ya swifaniso

picture book

bolo

ball

xipopana

doll

tlanga

play

khele ra sava

sandpit

muchinginya

swing

swilo swo tlangisa

toys

mintlango ya vhidiyo

video game console

xithuthuthu xa mivhilwa
manharhu

tricycle

tibere to tlangisa

teddy bear

wadirobo

wardrobe

swiambalo

clothing

masokisi

socks

masokisi

stockings

buruku byo tlimba

tights

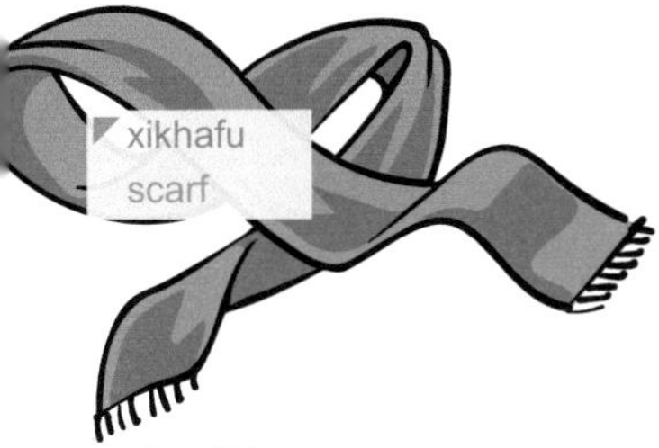

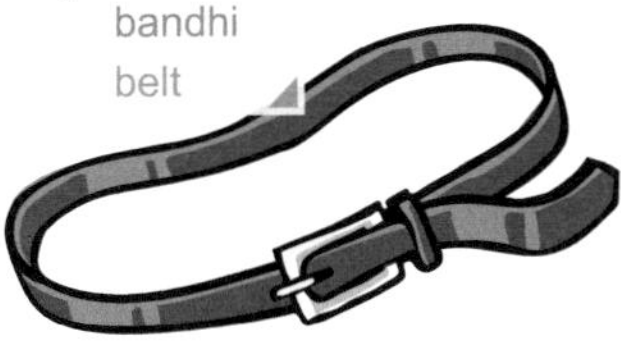

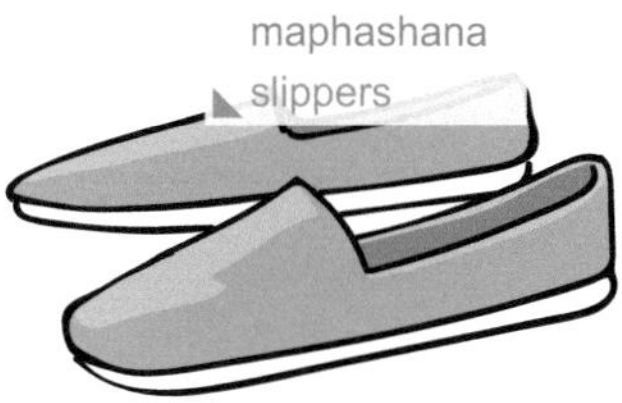

xikhafu
scarf

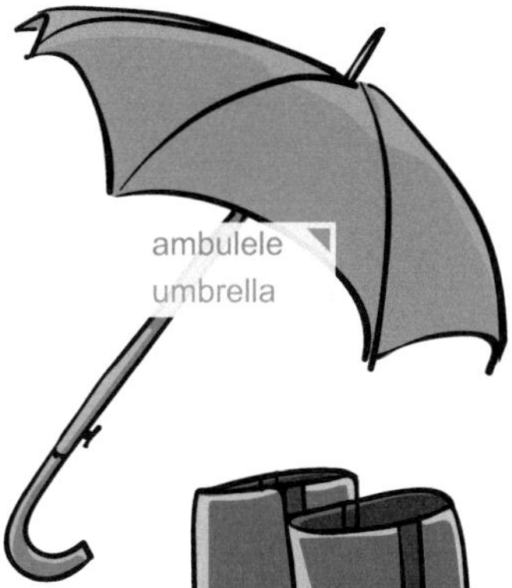

ambulele
umbrella

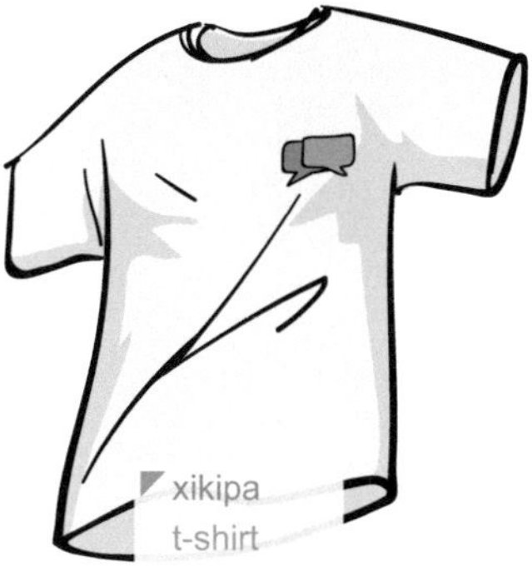

bandhi
belt

xikipa
t-shirt

tintangu
boots

maphashana
slippers

tintangu to tsutsuma
trainers

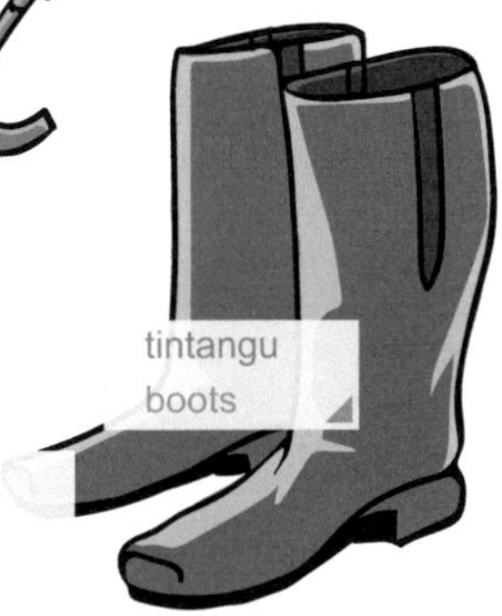

maphashana

sandals

tintangu

shoes

majombo ya raba

rubber boots

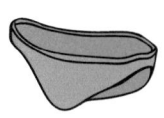

maburuko ya le ndzeni

underpants

bodi

bra

xikipa xa le ndzeni

vest

miri

body

maburuko

trousers

bokati

jeans

xiketi

skirt

bulawusi

blouse

hembe

shirt

jesi

pullover

jazi ro fingeneta nhloko

hoodie

buleyizara

blazer

baji

jacket

nghuvo

coat

jazi rampfula

raincoat

swiambalo

costume

swiambalo

dress

rhoko ya mucato

wedding dress

sudu

suit

xiambalo xo etlela

nightgown

swi ambalo swo etlela

pyjamas

sari

sari

xikhafu

headscarf

duku

turban

burqa

burqa

swi ambalo

kaftan

abaya

abaya

swiambalo swo hlambela

swimsuit

maburuko ya le ndzeni

trunks

buruku ro koma

shorts

tracksuit

tracksuit

fasikoti

apron

maglilavhu

gloves

kunupu

button

manghilazi ya mahlo

glasses

sindza

bracelet

vuhlalu

necklace

xingwaxila

ring

vo sasekisa tindleve

earring

kepisi

cap

hangara ya nghuvo

coat hanger

xigqoko

hat

thayi

tie

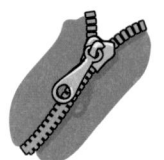

zipi

zip

xihuku

helmet

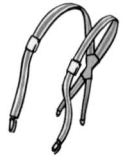

minxongotelo

braces

swiambalo swa xikolo

school uniform

yunifomo

uniform

bibi
----
bib

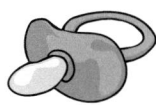

xo tlangisa vana
----
dummy

leyiri
----
nappy

hofisi
office

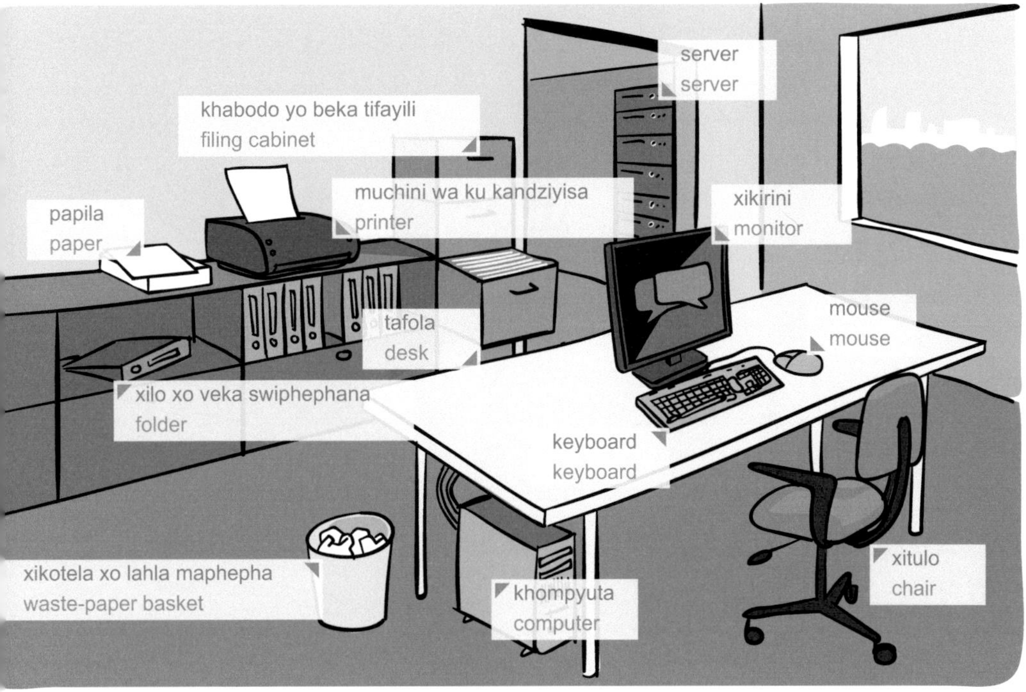

khabodo yo beka tifayili
filing cabinet

server
server

papila
paper

muchini wa ku kandziyisa
printer

xikirini
monitor

tafola
desk

mouse
mouse

xilo xo veka swiphephana
folder

keyboard
keyboard

xikotela xo lahla maphepha
waste-paper basket

khompyuta
computer

xitulo
chair

bikiri ra kofi
----
coffee mug

muchini wo hlaya
----
calculator

internet
----
internet

laptop

laptop

papila

letter

rungula

message

foni

mobile

network

network

muchini wo endla tikopi

photocopier

progreme ya khompyuta

software

riqingho

telephone

pulagi ya gezi

plug socket

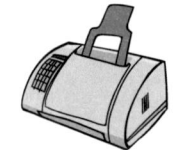

muchini wo rhumela rungula

fax machine

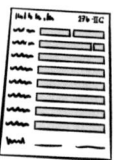

fomo

form

papila

document

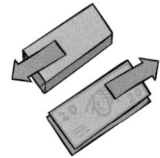

xava

buy

hakela

pay

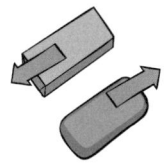

xavisa

trade

mali

money

dolara

dollar

euro

euro

yen

yen

rouble

rouble

Swiss franc

Swiss franc

renminb yuan

renminbi yuan

rupee

rupee

muchini wa mali

cashpoint

ndhawu yo cinca mali

bureau de change

nsuku

gold

silivhere

silver

mafurha

oil

matimba

energy

hakelo

price

ntwanano

contract

xibalo

tax

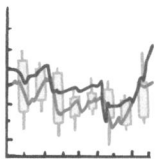

nundzu ya timali

stock

tirha

work

mutirhi

employee

mothorhi

employer

fektri

factory

xitolo

shop

mintirho
occupations

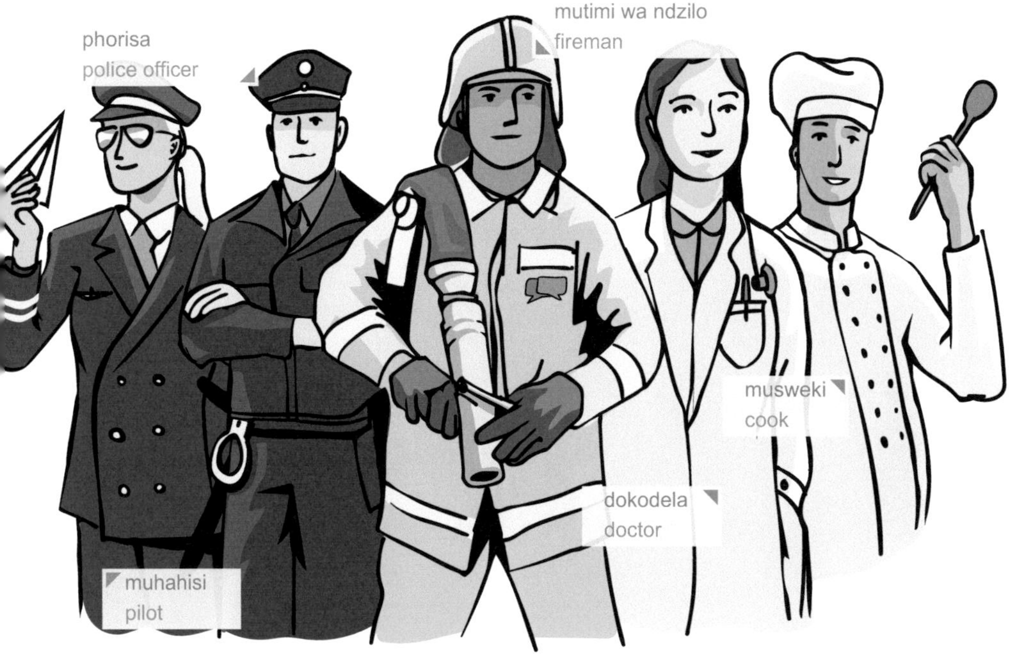

phorisa
police officer
mutimi wa ndzilo
fireman
musweki
cook
dokodela
doctor
muhahisi
pilot

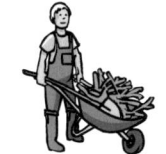

muhlayi wa ntanga
gardener

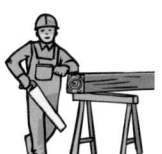

muvatli
carpenter

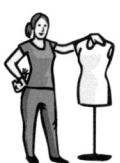

murungi
seamstress

muavanyisi
judge

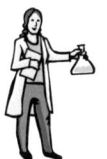

xitshunguri
chemist

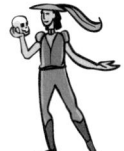

mutlangi
actor

muchaeri wa tibazi

bus driver

muchayeri wa thekisi

taxi driver

muphasi wa tinhlampfi

fisherman

wansati wa ku basisa

cleaning lady

mufuleri

roofer

muphameri

waiter

muhloti

hunter

mupendi

painter

mubaki

baker

mutivi wagezi

electrician

muaki

builder

munjiniyara

engineer

muxavisi wa nyama

butcher

muplambara

plumber

muheleketi wa poso

postman

socha

soldier

mumpfampfarhuti

architect

muamukeli wa timali

cashier

muxavisi wa swiluva

florist

mululamisi wa misisi

hairdresser

mufambisi

conductor

munhu wo lungisa timovha

mechanic

mulawuri

captain

dokotela wa matinho

dentist

mutivi wa sayensi

scientist

mufundisi

rabbi

murhangeri

imam

nghwendza

monk

mfundisi

clergyman

switirhisiwa
tools

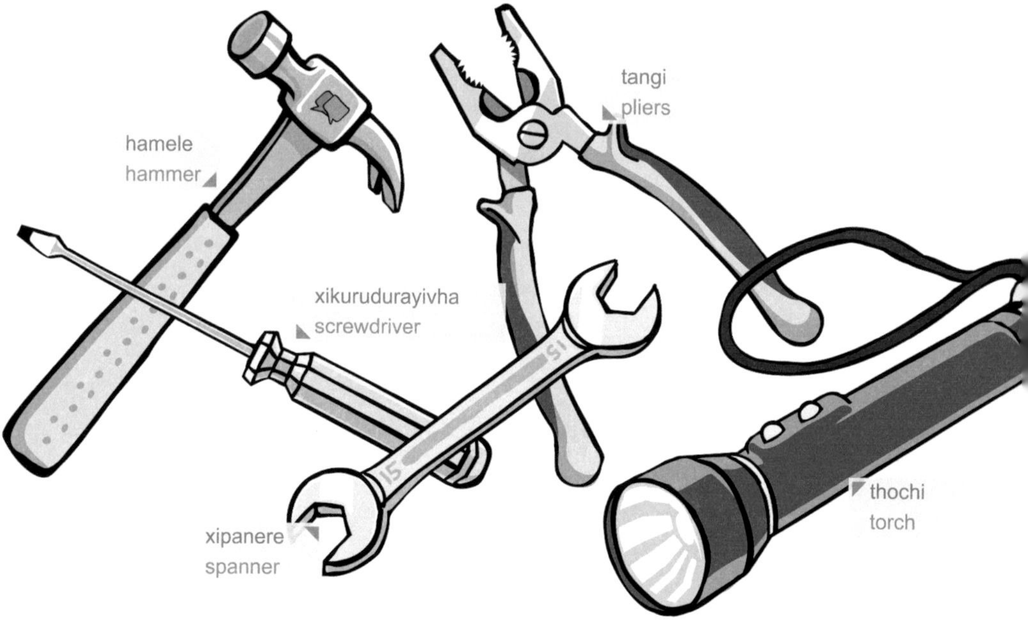
tangi
pliers
hamele
hammer
xikurudurayivha
screwdriver
xipanere
spanner
thochi
torch

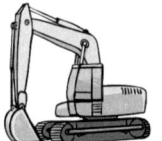

muchini wo cela

digger

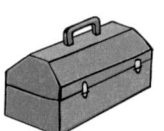

bokisi ra switirhisiwa

toolbox

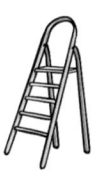

xitepisi

ladder

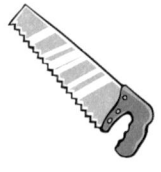

saha

saw

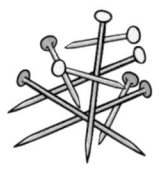

swipikiri

nails

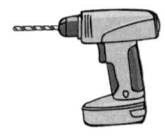

muchini wo boxa

drill

lunghisa

repair

foxolo

shovel

Thyaka!

Damn!

nchumu wo susa ritshuri

dustpan

mbita ya pende

paint pot

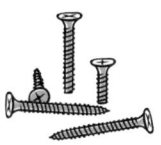

bawuti

screws

swichayachayana
musical instruments

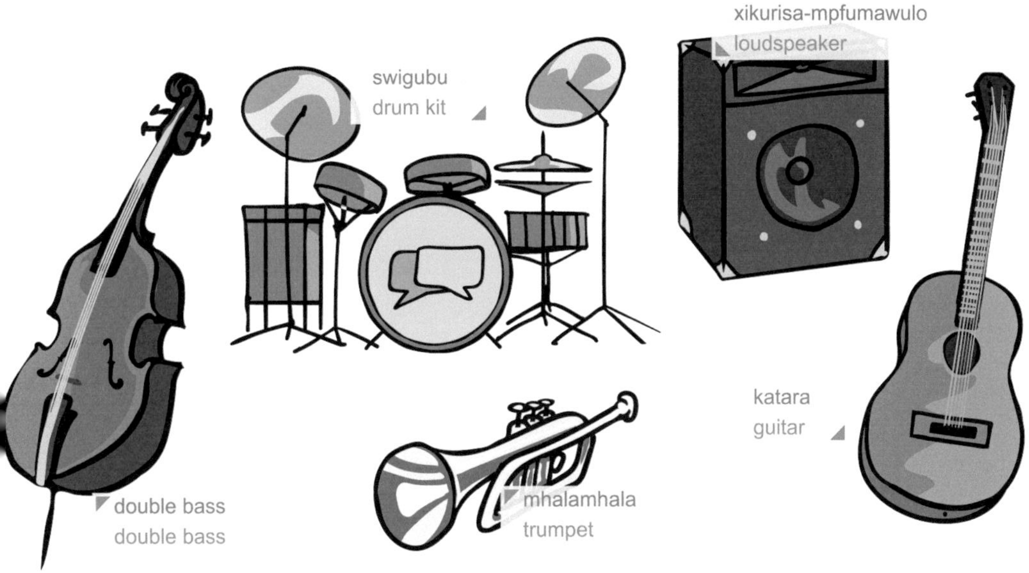

swigubu
drum kit

xikurisa-mpfumawulo
loudspeaker

katara
guitar

double bass
double bass

mhalamhala
trumpet

piyano

piano

violin

violin

bass

bass

timpani

timpani

xigubu

drums

keyboard

keyboard

saxophone

saxophone

xitiringo

flute

xikurisa-marito

microphone

ntanga wa swiharhi

zoo

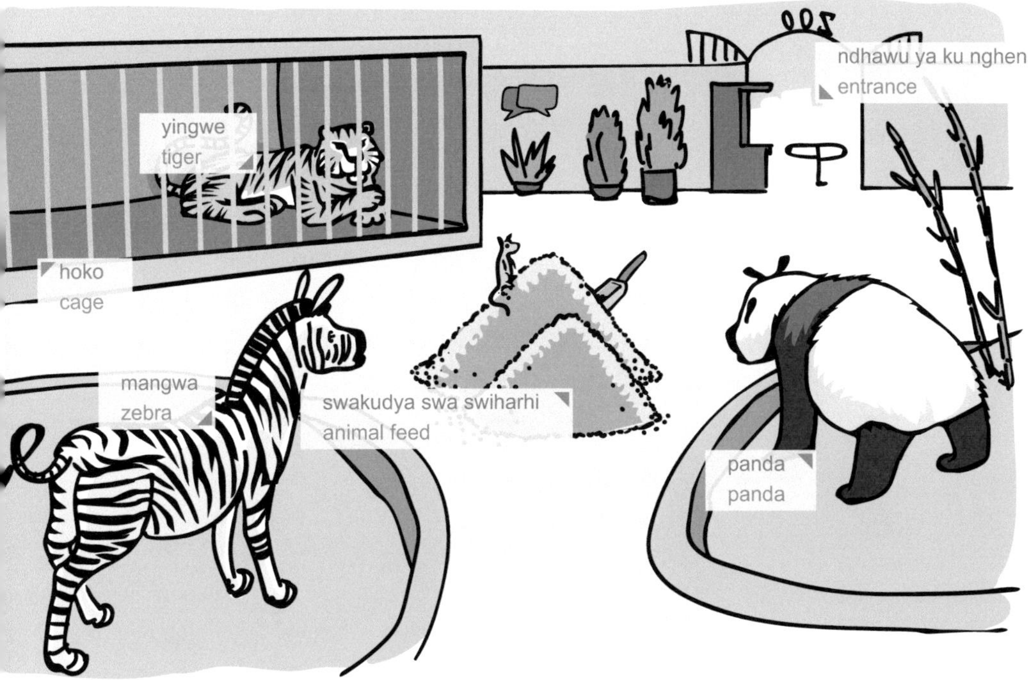

ndhawu ya ku nghena
entrance
yingwe
tiger
hoko
cage
mangwa
zebra
swakudya swa swiharhi
animal feed
panda
panda

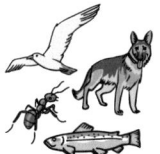

swiharhi

animals

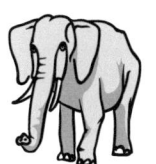

ndlopfu

elephant

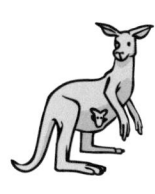

xinjhenghwe

kangaroo

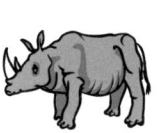

mhelembe

rhino

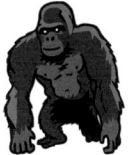

gorila

gorilla

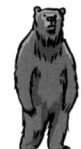

bere

bear

kamela

camel

yintsha

ostrich

nghala

lion

nkawu

monkey

flamingo

flamingo

hokwe

parrot

bere

polar bear

penguin

penguin

shaka

shark

hanti

peacock

nyoka

snake

ngwenya

crocodile

muhlayisi wa mintanga ya
swiharhi

zookeeper

seal

seal

jaguar

jaguar

hanci

pony

yingwe

leopard

mpfuvu

hippo

nhutlwa

giraffe

gama

eagle

ngluve ya nhova

boar

hlampfi

fish

mfutsu

turtle

nyimpfu ya le lwandle

walrus

mhungubye

fox

mhala

gazelle

bolo ya le Amerika
American football

kufamba hi xi kanyakanya
cycling

tennis
tennis

basketball
basketball

kuhlambela
swimming

ntlango wa ku bana
boxing

khororo ya le ayisini
ice hockey

bolo
football

badminton
badminton

mintlango
athletics

bolo ya mavoko
handball

kureta e gambokweni
skiing

polo
polo

tlula
jump

hleka
laugh

angara
hug

famba
walk

yimbelela
sing

khongela
pray

ntswontswa
kiss

lora
dream

tsala
write

dirowa
draw

komba
show

dlidlimeta
push

nyika
give

teka
take

yi va

have

endla

do

ku va

be

yima

stand

tsutsuma

run

koka

pull

lahlela

throw

wana

fall

hemba

lie

rindza

wait

rhwala

carry

tshama

sit

ambala

get dressed

tlela

sleep

pfuka

wake up

languta

look at

rila

cry

bana

stroke

kama

comb

vulavula

talk

twisisa

understand

vutisa

ask

yingisa

listen

nwana

drink

dyana

eat

basisa

tidy up

randza

love

sweka

cook

chayela

drive

haha

fly

tluta

sail

hlaya

calculate

hlaya

read

hlaya

learn

tirha

work

teka

marry

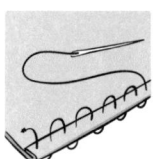

rhunga

sew

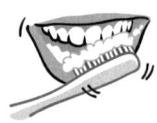

kuhlamba meno

brush teeth

dlaya

kill

dzaha

smoke

rhumela

send

ndyanghu
family

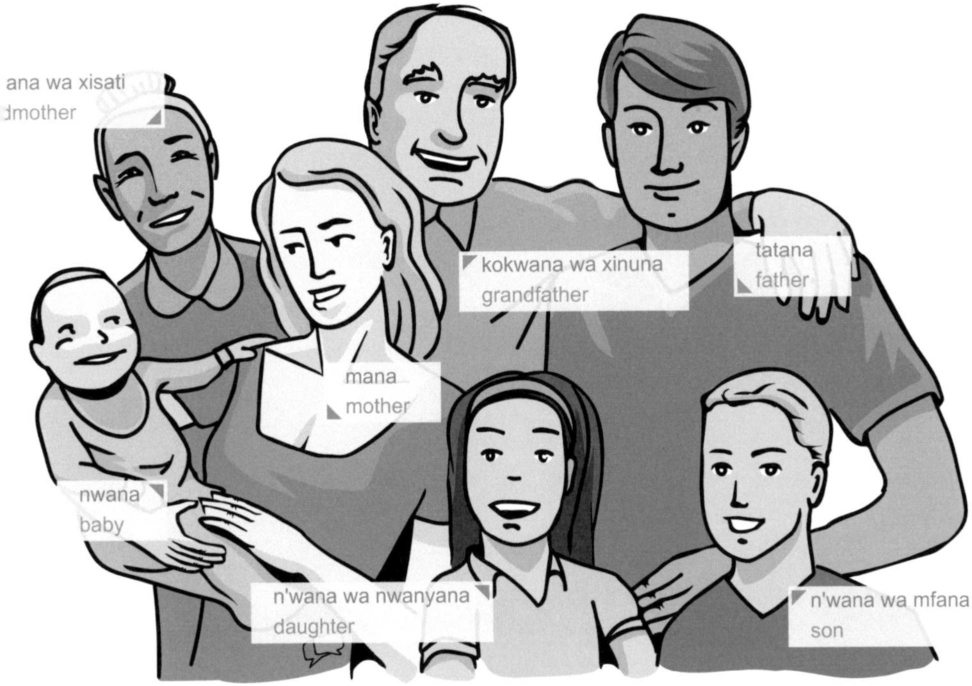

ana wa xisati
dmother
kokwana wa xinuna
grandfather
tatana
father
mana
mother
nwana
baby
n'wana wa nwanyana
daughter
n'wana wa mfana
son

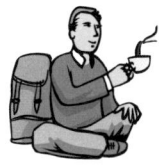

muendzi

guest

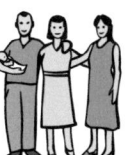

hahani

aunt

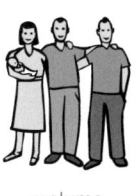

malume

uncle

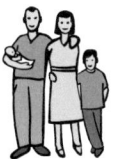

makwerhu

brother

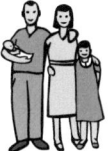

makwrhu

sister

miri

body

mombo
forehead
tihlo
eye
katla
shoulder
ritiho
finger
xikandza
face
xilebvu
chin
voko
hand
nenge
leg
bele
breast
voko
arm

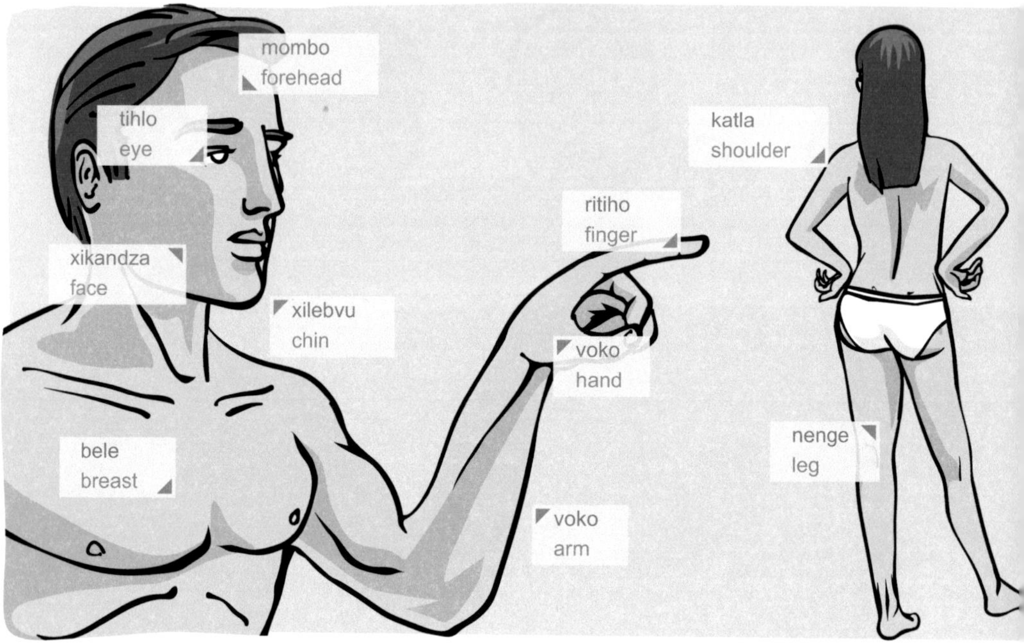

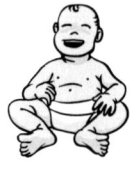

nwana

baby

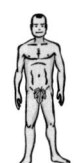

n'wanuna

man

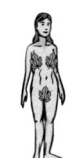

nw'ansati

woman

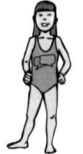

nhwanyana

girl

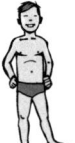

mfana

boy

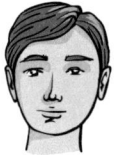

nhloko

head

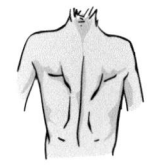

nhlana

back

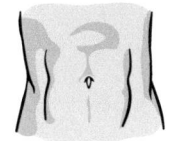

khwiri

belly

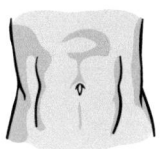

nkava

belly button

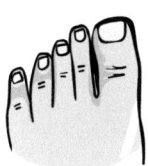

xikunwani

toe

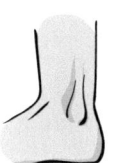

xirhenze

heel

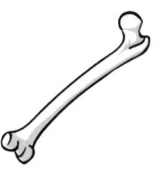

rhambu

bone

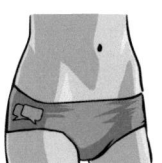

nyonga

hip

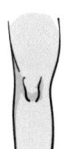

tsolo

knee

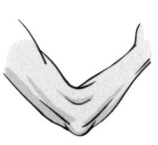

xikokola

elbow

nompfu

nose

xisuti

bottom

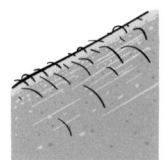

nhlonge

skin

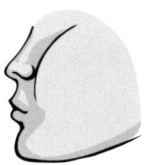

rhama

cheek

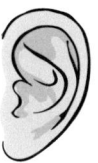

ndlebe

ear

nomu

lip

nomu

mouth

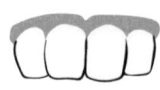

tinyo

tooth

ririmi

tongue

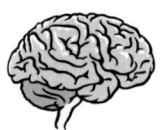

byongo

brain

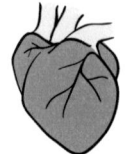

mbilu

heart

nsiha

muscle

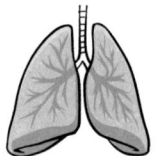

hahu

lung

vixindzi

liver

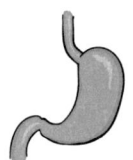

khwiri

stomach

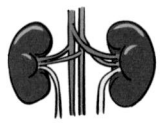

tinso

kidneys

masangu

sex

khondomu

condom

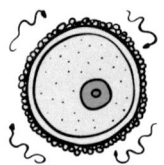

tandza

ovum

mbewu ya vununa

semen

nyimba

pregnancy

miri - body

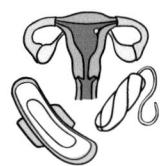

kuya enkarhini

menstruation

muhocho

vagina

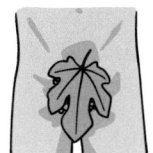

xiluma

penis

tinxiyi

eyebrow

misisi

hair

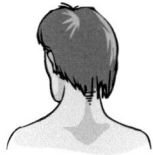

nhamu

neck

xibedlhele

hospital

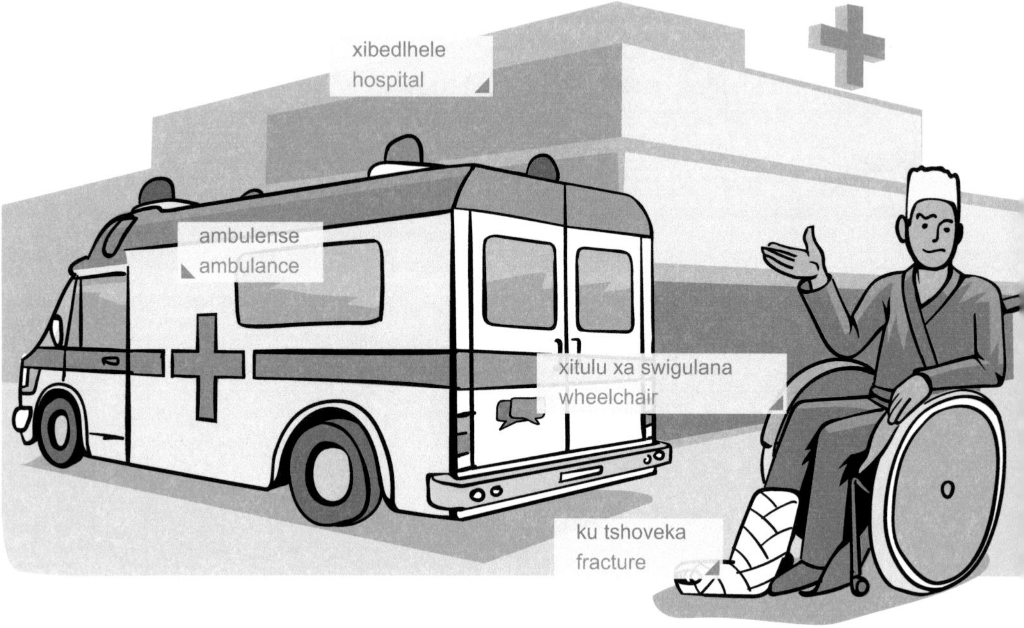

xibedlhele
hospital
ambulense
ambulance
xitulu xa swigulana
wheelchair
ku tshoveka
fracture

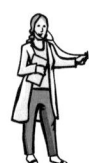

dokodela

doctor

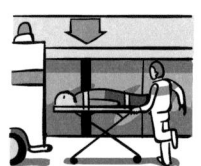

kamara ra xilamulela-mhango

emergency room

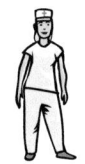

muongori

nurse

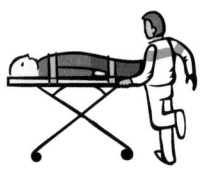

xihatla

emergency

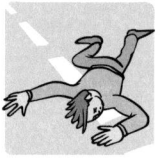

ku titivala

unconscious

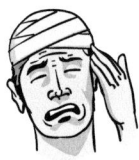

kuvava

pain

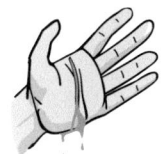

ku vaviseka

injury

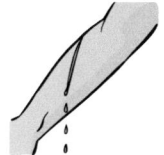

mpfempfa ngati

bleeding

ku hlaseriwa himbilu

heart attack

ku oma swirho

stroke

rinyenyo

allergy

khohlola

cough

xifumbu

fever

mukhuhlwana

flu

nchuluko

diarrhoea

ku pandza ka nhloko

headache

khensa

cancer

chukela

diabetes

dokodela

surgeon

mukwana

scalpel

vuhandzuri

operation

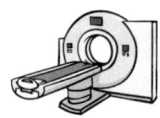

CT

CT

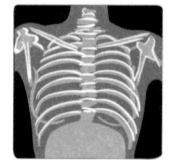

x-rheyi

x-ray

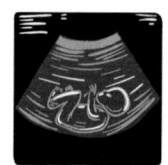

muchini wo yingisela
ntshuka-ntshuko

ultrasound

xo tipfala tinhomfu

face mask

vuvabyi

disease

kamara ro rindza

waiting room

nhonga

crutch

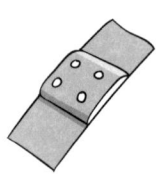

semendhe

plaster

bandhichi

bandage

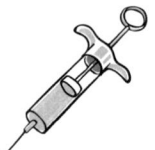

neleta

injection

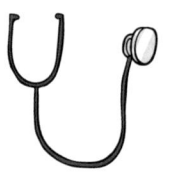

muchini wa madokodela wa
ku yingisa

stethoscope

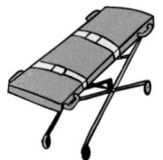

rihlaka

stretcher

xipima-mahiselo

clinical thermometer

ku veleka

birth

ku nyuhela

overweight

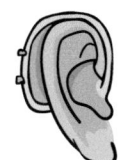

swipfuneta-ku-twa

hearing aid

khemikhale yo dlaya
switsongwatsongwana

disinfectant

switsongwatsongwana

infection

xitsongwatsongwana

virus

HIV / AIDS

HIV / AIDS

miri

medicine

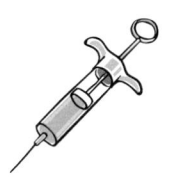

nayiti

vaccination

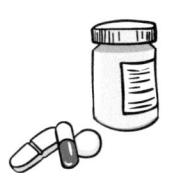

maphilisi

tablets

pilisi

pill

riqingho ra xihatla

emergency call

muchini wo kamba
nsusumeto wa ngati

blood pressure monitor

vabya / hanya

ill / healthy

Pfunani!

Help!

bele

alarm

ku hlaseriwa

assault

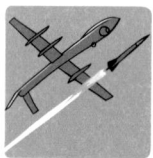

hlasela

attack

khombo

danger

nyangwa wo huma loko ku
ri ni mhango

emergency exit

Ndzilo!

Fire!

xo tima ndzilo

fire extinguisher

mhangu

accident

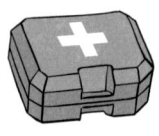

bokisi ra xilamulela-mhango

first-aid kit

SOS

SOS

phorisa

police

Yuropa

Europe

Amerika N'walungu

North America

Amerika Dzonga

South America

Afrika

Africa

Asia

Asia

Australia

Australia

Atlantic

Atlantic

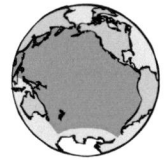

Pacific

Pacific

Lwandle-nkulu ra Indiya

Indian Ocean

Lwandle-nkulu ra Antarctic

Antarctic Ocean

Lwandle-nkulu ra Arctic

Arctic Ocean

North Pole

North Pole

South Pole
South Pole

Antarctica
Antarctica

Misava
Earth

tiko
land

lwandle
sea

xihlala
island

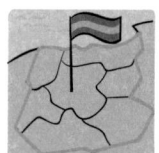

rixaka
nation

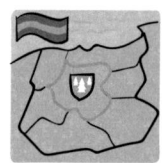

tiko
state

xikomba nkarhi

clock face

xikomba-tiawara

hour hand

xikomba-timineti

minute hand

xikomba-tisekoni

second hand

I nkarhi muni?

What time is it?

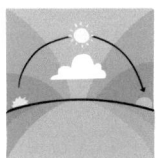

siku

day

nkarhi

time

sweswi

now

wachi leyi tshavatelaka

digital watch

minete

minute

awara

hour

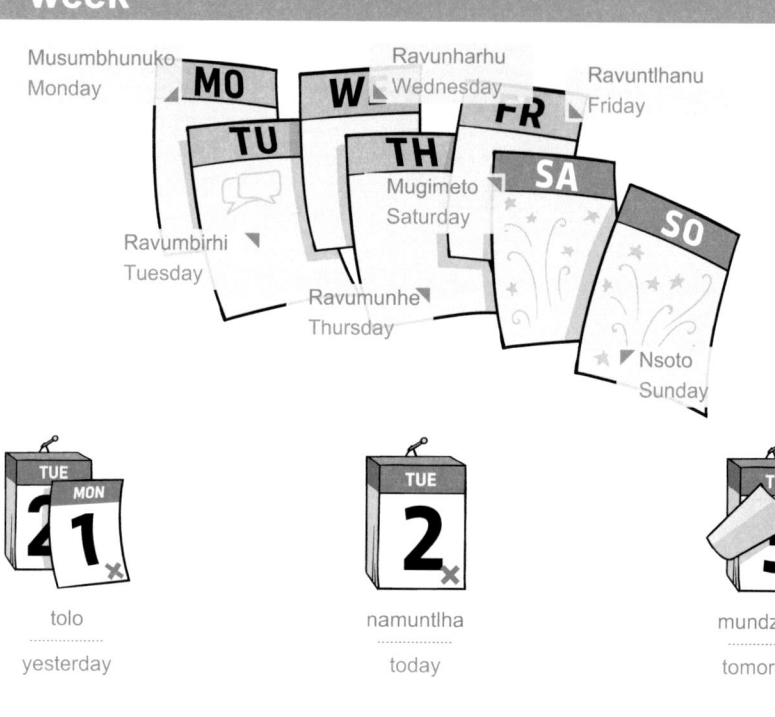

Musumbhunuko
Monday

Ravunharhu
Wednesday

Ravuntlhanu
Friday

Ravumbirhi
Tuesday

Mugimeto
Saturday

Ravumunhe
Thursday

Nsoto
Sunday

tolo

yesterday

namuntlha

today

mundzuku

tomorrow

mixo

morning

nhlekani

noon

madyambu

evening

MO	TU	WE	TH	FR	SA	SU
1	2	3	4	5	6	7
8	9	10	11	12	13	14
15	16	17	18	19	20	21
22	23	24	25	26	27	28
29	30	31	1	2	3	4

masiku ya ntirho

business days

MO	TU	WE	TH	FR	SA	SU
1	2	3	4	5	6	7
8	9	10	11	12	13	14
15	16	17	18	19	20	21
22	23	24	25	26	27	28
29	30	31	1	2	3	4

mahelo vhiki

weekend

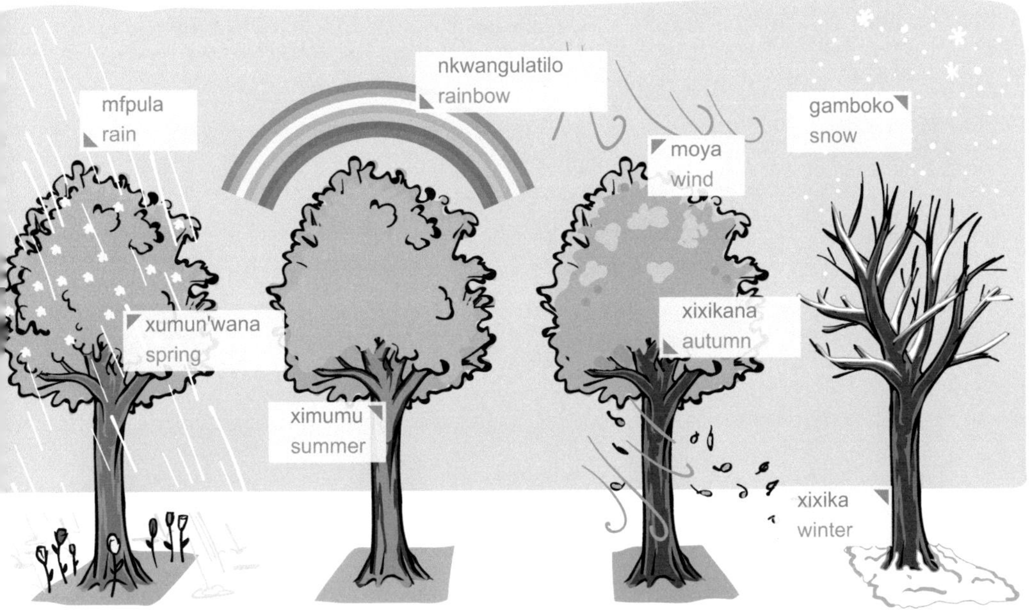

mfpula
rain

nkwangulatilo
rainbow

gamboko
snow

moya
wind

xumun'wana
spring

xixikana
autumn

ximumu
summer

xixika
winter

vumbha tamaxelo

weather forecast

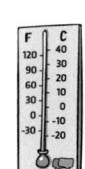

xipima-mahiselo

thermometer

dyambu

sunshine

papa

cloud

hunguva

fog

kutsakama

humidity

rihati

lightning

dzindza-tilo

thunder

xidzedze

storm

xihangu

hail

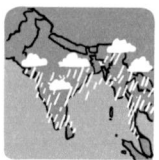

mpfula

monsoon

ndhambi

flood

ayisi

ice

Sunguti

January

Nyenyenyana

February

Nyenyankulu

March

Dzivamusoko

April

Mudyaxihi

May

Khotavuxika

June

Mawuwani

July

Mhawuri

August

Ndzhati

September

Nhlangula

October

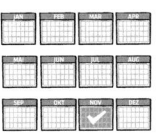

Hukuri

November

N'wendzamhala

December

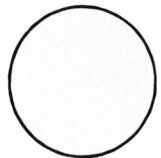

xirendzevutana

circle

xikwere

square

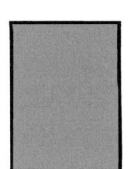

matlhelo ya mune

rectangle

xivunguvungu xa tintlha
tinharhu

triangle

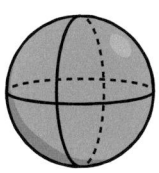

bolo

sphere

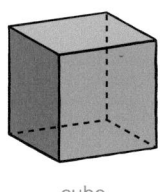

cube

cube

basa

white

xitshopana

yellow

lamula

orange

tshwukanyana

pink

tshwuka

red

xigunguvungu

purple

wasi

blue

rihlaza

green

buraweni

brown

mpunga

grey

ntima

black

swo tala / swi tsongo

a lot / a little

hlundzukile / rhurile

angry / calm

sasekile / bihile

beautiful / ugly

masungulo / makumo

beginning / end

kulu / tsongo

big / small

vangama / munyama

bright / dark

buti / sesi

brother / sister

basile / chakile

clean / dirty

helerile / helelangiki

complete / incomplete

siku / vusiku

day / night

file / hanyaka

dead / alive

pfulekile / pfalekile

wide / narrow

swa dyiwa / a swi dyiwi

edible / inedible

homboloka / lunghile

evil / kind

tsakile / phirekile

excited / bored

nyuhela / lala

fat / thin

masungulo / makumo

first / last

mungana / nala

friend / enemy

tele / hava

full / empty

tiyile / olova

hard / soft

tika / vevuka

heavy / light

ndlala / torha

hunger / thirst

vabya / hanya

ill / healthy

swi ngariki enawini / enawini

illegal / legal

tlharihile / xiphukuphuku

intelligent / stupid

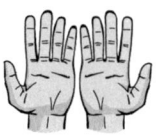

ximati / xinene

left / right

akusuhi / kule

near / far

yintshwa / tirhisiwile

new / used

hava / xin'wana

nothing / something

dyuharile / muntshwa

old / young

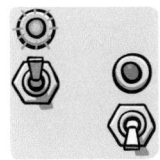

xarirha / xitimile

on / off

pfurile / pfariwile

open / closed

myerile / huwa

quiet / loud

fuwile / xisiwana

rich / poor

swinene / bihile

right / wrong

khwasha / reta

rough / smooth

vaviseka / tsaka

sad / happy

koma / leha

short / long

hlwela / hatlisa

slow / fast

tsakama / oma

wet / dry

kufumela / titimela

warm / cool

nyimpi / kurhula

war / peace

0

noto

zero

1

n'we

one

2

mbirhi

two

3

nharhu

three

4

mune

four

5

ntlhanu

five

6

ntsevu

six

7

nkombo

seven

8

nhungu

eight

9

nkaye

nine

10

khume

ten

11

khume n'we

eleven

12

khume mbirhi

twelve

13

khume nharhu

thirteen

14

khume mune

fourteen

15

khume ntlhanu

fifteen

16

khume ntsevu

sixteen

17

khumbe nkombo

seventeen

18

khume nhungu

eighteen

19

khume nkaye

nineteen

20

makhume mambirhi

twenty

100

dzana

hundred

1.000

gidi

thousand

1.000.000

gidi ya magidi

million

Xinghezi

English

Xinghezi xa Amerika

American English

Xichayina xa Mandarin

Chinese Mandarin

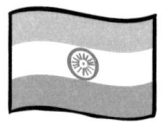

Xihindi

Hindi

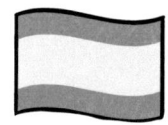

Xipaniya

Spanish

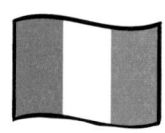

Xifurwa

French

Xiarabu

Arabic

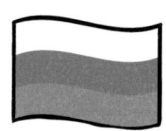

Xirhaxiya

Russian

Xiputukezi

Portuguese

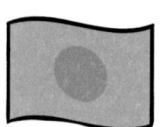

Xibengali

Bengali

Xijarimani

German

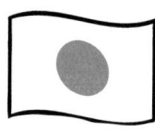

Xijapani

Japanese

mina

I

wena

you

yena / yena / xona

he / she / it

hina

we

n'wina

you

vona

they

mani?

who?

yini?

what?

njhani?

how?

kwihi?

where?

rhini?

when?

vito

name

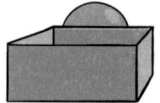

endzaku

behind

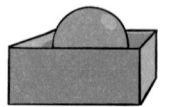

ahehla

in

emahlweni a

in front of

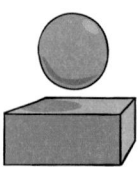

ahenhla ka

over

eka

on

ehansi

under

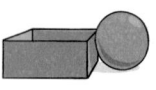

handle ka

beside

exikarhi ka

between

ndhawu

place